Japy

Dan DEVANS

ISBN: 979-10-95775-00-3

Dépôt légal novembre 2015. Editions le Plumier aux trésors 2015

À mes petits-enfants

JAPY DÉCOUVRE SES NOUVEAUX AMIS

Une heure après avoir quitté le refuge avec Japy le chien Beagle à bord de sa voiture, Mamie Grenadine ralentit pour bifurquer sur un chemin bordé de hêtres. Le jeune chien aperçut alors la fermette où il allait vivre désormais. En descendant du véhicule, il huma les senteurs de l'automne déjà bien avancé et vit au loin, la masse sombre de la forêt. Voilà qui promettait de belles balades ! Se dit-il.

Ensuite, il suivit mamie Grenadine dans la maison où il découvrit installé sur un fauteuil près d'un poêle à bois, un chat au pelage noir. Japy s'arrêta net devant l'occupant des lieux.

-   Voici Miarou, présenta mamie Grenadine.

-   Bonjour ! Jappa le nouveau venu.

Miarou s'étira, examina le nouveau venu et miaula :

-   Bonjour, tu n'as pas l'air d'être turbulent, nous deviendrons sûrement de bons amis.

Satisfaite du dénouement de la rencontre, mamie Grenadine invita le chiot à découvrir son nouveau territoire. Miarou sauta de sa chaise et passa devant.

La découverte des lieux commença par la visite du pré attenant à la fermette, où Japy et Miarou furent accueillis par le caquetage de Fiby, Floconnette et Florine, les poules sur lesquelles, veillait Febus le coq.

-   Voici notre nouveau compagnon, annonça Miarou. Il s'appelle Japy.

-   Sois le bienvenu Japy. Nous avons grand besoin de tes services, coqueriqua Febus. Gao menace toute la région.

-   Qui est Gao ? demanda Japy intrigué.

Fiby la poule blanche s'exclama :

-   Gao est un renard redouté dans toute la contrée !

-   Il est très malin, ajouta Floconnette, la poule grise.

-   Et, impitoyable, renchérit Florine, la poule rousse, pas moins anxieuse que ses amies.
-   Ne vous inquiétez pas, Japy saura vous défendre, affirma Miarou.

Puis, il entraîna son nouvel ami plus loin dans le pâquis, où Melba la jument broutait paisiblement.

- Je te présente Japy, l'informa Miarou.

- Bonjour joli Japy, c'est un plaisir de t'avoir parmi nous, hennit Melba avant de frotter son museau contre celui du chiot.

Japy se sentit tout ému d'un tel accueil. Après quoi, Miarou lui proposa d'aller saluer Nono et Nouki, les lapins. Ils entrèrent dans la grange baignant dans une douce lumière, où ils trouvèrent Nono et Nouki dans leur enclos, fort occupés à déguster une brassée de foin odorant.

- Oh ! Mais voilà un nouvel ami, clapit Nouki, en apercevant Japy. Mamie Grenadine a eu bien raison de t'adopter, confirma Nono.

- Rien de tel qu'un chien, pour tenir les renards et les belettes à distance. Ajouta Nouki.

- Je ferai de mon mieux, assura Japy.

Miarou devinant ce qui le tracassait, le rassura.

- Ne t'en fais pas mon Japy. Quand il t'entendra aboyer, Gao prendra la poudre d'escampette sans demander son reste.

Ils regagnèrent la maison où Mamie Grenadine s'affairait dans la pièce contiguë à la cuisine.
Le chat sauta sur son fauteuil préféré et entreprit de faire un brin de toilette, tandis que Japy avisait un panier accueillant, posé près du fourneau. Il jeta un regard interrogateur à mamie Grenadine. Elle lui répondit avec un bon sourire :

- Oui, petit Japy, c'est bien ton panier à toi.

Japy n'en crut pas ses oreilles. En effet, jusque-ici, il avait dormi sur une natte posée à même le sol en béton de son box. Il renifla le panier qui s'avéra tout neuf, avant de s'y installer confortablement.
Quelques instants plus tard, les événements de la matinée se chevauchèrent dans sa mémoire et il se laissa glisser dans une douce torpeur.
Quand il rouvrit les yeux, le soir tombait déjà. Miarou n'était plus sur sa chaise et Mamie Grenadine avait disparu également.
Où, pouvaient-ils bien être ? Il sortit pour se mettre à leur recherche, quand un gazouillis l'interpella.

- Bonne sieste ? entendit-il zinzinuler depuis le châtaignier ombrageant la cour.

Japy leva les yeux et vit un chardonneret perché sur l'une des basses branches.

- Très bonne, répondit-il à l'oiseau.

- Je m'appelle Gazou, enchaîna le chardonneret.

- Moi, je suis... commença le chiot. Japy ! Coupa Gazou malicieux. On ne parle que de toi, jusqu'à la lisière de la forêt.

- Ah ! Bon ? s'étonna Japy.

- Tous les amis de mamie Grenadine se réjouissent de ton arrivée, déclara Gazou.

- A propos, sais-tu, où sont Mamie Grenadine et Miarou ? s'enquit Japy.

-   Tu la trouveras dans le verger. Quant à Miarou, il baguenaude selon ses habitudes à cette heure, souligna le chardonneret.

Le chien fila vers le verger dans lequel, mamie Grenadine ramassait un plein panier de belles pommes rouges. Quand elle eut fini, elle se pencha pour caresser le chien.

Tu t'es bien reposé ? Alors, maintenant, nous allons nous assurer que Febus et les poules sont bien rentrés. Ensuite, nous irons chercher Melba dans le pré.

Japy était comblé de pouvoir se rendre utile. C'était une tout autre existence que celle qu'il avait menée jusqu'à ce que mamie Grenadine l'adopte.

Les gens qui avaient pris soin de lui au refuge étaient certes, gentils. Mais, passer sa vie derrière des grilles à entendre gémir ses congénères malheureux d'avoir été abandonnés, n'a vraiment rien de plaisant en soi. Son postérieur posé sur la paille fraîche que mamie Grenadine venait d'épandre, il suivait chacun de ses gestes pendant qu'elle exécutait ses tâches quotidiennes.

Elle veilla d'abord à ce que la jument ait suffisamment de foin. Ensuite, elle se rendit dans la grange pour actionner la manivelle de la machine à couper les betteraves pour les lapins. Elle acheva son travail en remplissant soigneusement leur récipient d'eau.

Assurée de ce que son petit monde était bien au complet, mamie Grenadine éteignit les lumières et regagna son logis avec Miarou et Japy.

Ce soir-là, pourtant, la quiétude de la fermette fut troublée par un hululement qui fendit la nuit. Japy, surpris, dressa les oreilles. Sur sa chaise, Miarou s'étira :

- Ça, c'est Mâ, la chouette, qui part à la chasse, dit-il, impassible. Elle loge dans le tronc du vieux sapin. Elle est très gentille et elle sait beaucoup de choses bien utiles.

- Comment les a-t-elle apprises ? demanda Japy.

- Mâ survole la forêt et la prairie depuis de longues années. Elle en connaît les moindres recoins et les habitudes de tous ses habitants, expliqua Miarou.

- Elle est très savante alors, observa Japy impressionné.

- Sans aucun doute, répliqua Miarou.

Japy avait hâte de faire la connaissance de Mâ, car il était aussi curieux de nature qu'il avait soif d'apprendre. L'occasion lui en fut donnée quelques jours plus tard, peu avant le coucher du soleil. Mâ, juchée au bord de son refuge, scrutait le ciel. En voyant Miarou et Japy s'approcher, elle chuinta :

- Il va neiger cette nuit.

- Bonsoir, Mâ, la salua Miarou. Je te présente Japy.

La chouette observait discrètement le Beagle, tandis qu'elle l'instruisait des mœurs du renard. Japy fut très attentif et cela plut à Mâ. Elle lui apprit notamment que si Gao tuait plus de poules qu'il ne pouvait en manger en s'introduisant dans un poulailler, c'est parce que ces animaux ne pouvaient pas s'enfuir.

- Si cela se produit dans la nature, expliqua la chouette, il n'en saisit que deux tout au plus, pour se garantir une réserve en cas de pénurie.

Même s'il comprenait parfaitement le besoin de se nourrir, Japy frémit à l'idée de l'angoisse ressentie par les bêtes livrées aux crocs de l'impitoyable Gao.

Il aurait bien posé davantage de questions à la chouette, mais elle avait encore beaucoup à faire.

Quand Japy et Miarou atteignirent l'étable dont Mamie Grenadine s'apprêtait à verrouiller la porte, les premiers flocons commencèrent à tourbillonner autour d'eux.

Dévalant du ciel de plus en plus dru, la neige revêtit peu à peu d'une belle cape opaline toute la campagne. Miarou courut vers leur maîtresse, tandis que Japy tentait d'attraper quelques floches cotonneuses. Il s'en lassa très vite en se rendant compte qu'elles étaient glacées et fondaient en effleurant sa truffe.

Aussi, rattrapa-t-il Miarou dans la tiédeur de l'étable. Febus, Fiby, Floconnette et Florine avaient pris place sur leur perchoir au fond de l'étable. Nono et Nouki étaient eux aussi rentrés dans leur gîte.

Il neigea toute la nuit. Le vent qui s'était mis de la partie forma des congères si hautes, que mamie Grenadine dut s'armer d'une pelle pour déblayer la neige devant sa maison.

Le père Eugène, son plus proche voisin, vint lui donner un coup de main. L'homme portant moustache et casquette, était accompagné d'un vieux Setter d'allure bougonne.

Cependant, Raf se montra fort aimable, une fois qu'on lui eut présenté le jeunot dont la tête lui arrivait à peine au flanc.

Il offrit à Japy de lui faire découvrir leur territoire, pendant que leurs amis humains étaient occupés à déneiger le passage devant la fermette. Japy accepta l'invitation avec une joie manifeste.

Il parcourut son nouveau cadre de vie s'étendant jusqu'au ruisseau désignant la frontière entre le village et la campagne, en compagnie de son nouvel ami.

- C'est là-bas que vit Gao ? demanda Japy en contemplant la masse sombre de la forêt ceignant l'horizon.

- Oui, c'est là-bas, répondit Raf. Il loge aussi bien dans un fourré que dans le terrier d'un blaireau ou de quelque lapin de garenne qu'il en aura expulsé.

- Il ne manque pas de toupet, s'offusqua Japy.

Lorsque le père Eugène et Raf repartirent chez eux, Japy joua avec Miarou qui sortait de la maison en posant précautionneusement ses coussinets sur le tapis neigeux. Les deux amis s'ébattaient joyeusement quand Miarou resta figé sur place.

- Regarde Japy, une buse ! Souffla-t-il.

Un oiseau aux ailes puissantes s'était posé sur l'un des poteaux plantés au fond du pré, où Febus incitait vivement les poules à se réfugier dans l'étable. Japy se précipita vers le rapace en aboyant.

La buse contrariée s'envola en piaulant :

- Essaye donc de m'attraper !

Febus ayant mis ses congénères à l'abri, se tenait sur le seuil de l'étable suivant lui aussi, les cercles que le rapace décrivait dans le ciel.

- Elle ne fait que nous narguer à présent. Mais, elle en retiendra qu'elle ne sera plus confrontée qu'à nos seuls becs et ergots, lança le coq.

Japy attendit que l'oiseau s'éloigne pour rallier la grange dans laquelle, il avait vu entrer Miarou. Le chat était sur le fenil.

- Que fais-tu là-haut ? Questionna Japy.

- Je chasse les souris, répondit Miarou. Ça fait partie de mes fonctions.

Le jeune Beagle le laissa à ses occupations, pour bavarder un peu avec Nono et Nouki, avant d'aller prendre des nouvelles de Melba.

Dans l'étable, la jument l'accueillit radieuse, car Febus, Fiby, Floconnette et Florine lui avaient déjà relaté comment Japy était intervenu quand la buse se préparait à leur livrer bataille.

- Je suis fière de toi, Japy !

- Mais, je n'ai pas fait grand-chose, répondit Japy confus. La buse s'est envolée lorsqu'elle m'a vu, voilà tout.

- Bien sûr, mais il n'empêche que tu l'as impressionnée, insista gentiment Melba.

Japy approcha son museau de celui de la jument qui lui rendit sa caresse. Miarou sauta sur le bord de la mangeoire à ce moment-là.

- Eh ! Bien, voilà un joli tableau, lâcha-t-il sur un ton enjoué.

- J'en ai autant pour toi ! rétorqua Japy en lui décochant un coup de langue qui surprit agréablement le chat.

Melba et la basse-cour se divertirent de leur complicité, au point d'en oublier l'épisode de la buse. Quand midi sonna au clocher de la bourgade, Japy et Miarou fatigués par leurs jeux matinaux, s'assoupirent blottis l'un contre l'autre dans le panier du Beagle.

Les jours avaient considérablement raccourci depuis l'arrivée de Japy à la fermette. Tous les soirs, il s'endormait en espérant que Gao n'aurait pas l'audace de s'approcher de la bâtisse. Néanmoins, il savait par Mâ que si les proies venaient à manquer dans la forêt et dans la plaine, Gao n'hésiterait pas à se faufiler dans les poulaillers et les bergeries. Le sommeil de Japy était quelque peu agité depuis qu'il savait que le renard maraudait alentour.

Il sursautait au moindre grincement provoqué par les assauts du vent et empruntait la chatière en pleine nuit pour s'assurer que le goupil ne traînait pas dans les parages. Quelquefois, il ouvrait un œil lorsque Miarou sortait et rentrait ou bien, quand il entendait mamie Grenadine se lever pour se servir un verre d'eau.

Une fois tranquillisé, il se rendormait en contemplant la danse des flammes à travers la vitre du poêle.

Japy savait très bien pouvoir compter sur la veille de Raf, si Gao s'avisait de pénétrer dans leurs habitations. Mais il était tout de même préférable qu'il restât sur ses gardes. Car, si le renard décidait de prendre le chemin traversant le bosquet des champs avoisinants, Raf ne le flairerait probablement pas d'aussi loin.

Un jour, de très bonne heure, Japy entendit Raf donner de la voix plus bruyamment que d'habitude. Accompagné de Miarou, il s'empressa de gagner le hangar de la ferme voisine dans laquelle, leur vieux copain aimait se prélasser après avoir effectué sa ronde matinale. Raf semblait vraiment très en colère.

- J'ai repéré les empreintes de Gao dans le verger, avertit le Setter. Le chenapan ne tardera pas à commettre une mauvaise action.

La nouvelle inquiéta Japy, car le verger du père Eugène jouxtait le pré de mamie Grenadine.

- Il va falloir être vigilant, répondit Japy.

- Mais sans jouer aux héros, ajouta Raf. Parce qu'une morsure de renard peut être très dangereuse. Le faire fuir suffira amplement.

Le conseil de Raf soulagea vivement Japy. Il n'avait pas du tout envie de se bagarrer avec qui que ce soit.

En rentrant à la fermette, Japy croisa Job le corbeau. Celui atterrit près de lui.

- Salut Japy, salut Miarou ! Croassa l'oiseau, je suis Job. Je suppose que Raf vous a prévenu de la présence de Gao dans les parages ?

- Oui à l'instant, confirma Japy.

- Il a tellement neigé, reprit Job, qu'il a du mal à trouver des proies, le goupil.

- Mais alors, Mâ, Gazou et toi, avez également des soucis pour vous nourrir, s'inquiéta Japy.

- Rassure-toi, Japy, Mamie Grenadine n'oublie jamais de mettre des graines et des fruits sur le rebord de la fenêtre de la cuisine en hiver. J'allais justement me sustenter, tu permets que je t'accompagne ? Demanda Job.

- Volontiers, répondit Japy.

Chemin faisant, tout en sautillant entre deux battements d'ailes, le corbeau lui raconta les derniers potins de la campagne environnante. C'est ainsi, que Japy apprit que la bergerie de la ferme du chêne rouge avait été visitée la veille par Gao. S'il n'y eut pas de victime, c'est parce que leur gardien, un grand chien blanc, dormait près des brebis.

- Pourquoi, dort-il dans la bergerie ? Son maître ne veut pas de lui dans sa maison ? S'informa Japy.

- C'est uniquement parce que la bergerie est un peu à l'écart de la maison de son maître et, qu'il se méfie de Gao en cette saison, précisa Job.

- C'est bien pour cela que je ne vais plus me promener la nuit, déclara Miarou.

- Toi aussi, tu crains Gao ? S'étonna Japy.

- Quand la faim le tenaille, il dévore même les chats sauvages qui vivent dans les bois. Il vaut donc mieux l'éviter, réagit Miarou indigné.

Une bonne semaine s'écoula entre chutes de neige et givre dessinant des arabesques sur les carreaux des fenêtres, sans que l'on reparlât du renard. Pour un peu, les habitants de la fermette en auraient oublié son existence. Malgré cela, Japy craignait la ruse de Gao. Il n'était donc pas question de relâcher la surveillance des lieux et il avait bien raison.

Un après-midi, le père Eugène, son fidèle Raf sur les talons, vint avertir mamie Grenadine du retour du renard aux abords du village. Pendant que leurs maîtres papotaient en sirotant un café, Raf en profita pour raconter à ses amis, ses souvenirs de chasse à la bécasse.

Après avoir écouté leur vieil ami évoquer brume, bourrasque et breuils pour débusquer le gibier, Japy s'exclama :

- Tu devais rentrer fourbu !

- Certes ! Mais quel plaisir de courir garenne et frondaison, en reniflant les senteurs de l'automne. Sincèrement, je plains les chiens des villes qui n'ont que bitume et ciment à renifler, compatit Raf.

- C'est vrai, concéda Miarou. Nous avons beaucoup de chance de vivre ici où nous pouvons aller et venir à notre guise.

- Les chiens des villes ont aussi des parcs, remarqua Japy se souvenant de ce que lui avait raconté un gentil cocker rencontré au refuge précédemment.

- Ah ! Oui, parlons-en des parcs entourés de grillage avec trois arbres et deux écureuils pour tout paysage ! Ça n'a tout de même rien en commun avec notre environnement, estima Raf.

- C'est comme les chats d'appartement, observa Miarou. On se demande bien à quoi ils occupent leurs journées, à part jouer les peluches vivantes ?

- Mais, voyons, les chiens et les chats des villes tiennent compagnie aux humains qui aiment les animaux. C'est toujours mieux que de trainer affamé dans les rues, soutint Japy

- Nul ne peut le contester, admit Raf.
- Moi, je ne comprends tout simplement pas qu'on puisse nous abandonner... Reprit Miarou.
- Que veux-tu ! Soupira Raf. Il y a malheureusement des humains qui ne réfléchissent pas aux conséquences quand ils décident d'avoir un chien ou chat.
- Enfin, tout de même, nous ne sommes pas des jouets ! Réfuta Miarou.
- C'est bien pour ça que nous avons de la veine de vivre près du père Eugène et de mamie Grenadine, confirma Raf.

Japy reconnut que Raf avait raison. Néanmoins, il ne put s'empêcher d'avoir une pensée émue pour ses compagnons du refuge. Qu'étaient-ils devenus ? Avaient-ils eu autant de chance que lui-même ? En tous cas, il leur souhaitait vivement d'avoir trouvé de nouveaux amis dans un foyer aussi douillet que l'était le sien à présent.

Japy face à Gao

Quelque temps plus tard, par une nuit de pleine lune, un bruit inhabituel réveilla brusquement Japy. Il flaira l'odeur d'un importun, confortée aussitôt par un tapage effroyable provenant de l'étable et de la grange.
Japy se rua dans l'étable où Febus essayait de calmer les poules affolées, tandis que Melba s'ébrouait pour signaler un danger.

- Il est là dehors ! s'écria Floconnette.

- On l'a entendu grogner et gratter le sol, l'avertit Febus qui savait bien que leurs cris ne suffiraient pas à terrifier Gao.

- Gao essaye de se faufiler dans la grange ! Assura Melba.

Mamie Grenadine avait jeté en toute hâte une pèlerine sur ses épaules, en entendant le vacarme. Elle saisit une fourche pour éloigner le renard au cas où il se trouverait sur son chemin.
Japy la précéda dans la grange afin de vérifier que Nono et Nouki étaient sains et saufs. Puis, il détala vers la chatière, fit le tour de la fermette et surprit Gao en train de creuser un trou devant l'entrée réservée aux lapins. Japy s'élança vers l'intrus en hurlant.
Stupéfié, Gao recula en rétractant les babines. Oreilles couchées vers l'arrière, il fixait le Beagle.

- Dégage gamin ! Sinon je te fais ton affaire, cracha le pillard.

- Ici, tu es sur mon territoire et aucun scélérat ne touchera à mes amis, gronda Japy.

- De quel droit me traites-tu de scélérat ? Riposta Gao.

- Quand on vole et qu'on tue, on n'est rien d'autre qu'un scélérat, lui reprocha Japy.
Gao n'eut pas le temps de contester, car une silhouette furibonde se dressa subitement derrière lui.

- À nous deux, Gao !
C'était Raf. Alerté par la clameur, il était venu à la rescousse. Dans le même temps, une déflagration déchira la nuit. Le père Eugène venait de tirer un coup de fusil en l'air pour effrayer le renard.
Gao comprit qu'il était préférable de battre en retraite. C'est ce qu'il fit en se sauvant au galop en direction du pré.

- Il décampe comme un fourbe qu'il est ! Tonna Raf avant de le poursuivre suivi de Japy déterminé à montrer à Gao qui était le maître de céans.

Japy et Raf coursèrent Gao jusqu'au ruisseau que le renard franchit sans difficulté. Malgré les recommandations de Raf, Japy sauta par-dessus le cours d'eau à son tour. Mal lui en pris, car le renard parvenu sur son terroir fit volte-face. Le cou arqué, les oreilles couchées vers l'arrière, les lèvres rétractées sur ses canines, Gao fulminant, fixait Japy.
Mais le beagle ne se laissa pas impressionner. Il se précipita sur Gao. Le renard éreinté par sa course, chuta sous le choc. A terre, il émit un gémissement de soumission avant de tenter enfoncer ses crocs dans la patte avant droite du beagle. Japy recula à temps pour éviter la morsure quand une détonation retentit qui vit Gao se relever prestement pour déguerpir vers les fourrés du sous-bois. Le père Eugène armé de son fusil avait suivi les chiens et sifflait le rappel. Japy rebroussa chemin.

A l'abri des buissons, le renard fit une halte pour reprendre haleine. Tout était silence à présent. Pas même un bruissement de campagnol ou d'une mésange. Gao réalisa qu'il l'avait échappé belle, car s'il aurait pu avoir raison de l'audace du beagle, il n'en aurait pas été de même des coups de feu du maître du setter.
Gao en était là de ses réflexions, quand la neige se remit à tomber de plus belle. Il prit le sentier menant à son gîte où affamé et épuisé, il se laissa choir sur un amas de feuilles mortes.

Revenu à la fermette avec Japy et Raf, le père Eugène exprimait son contentement à sa voisine lui servant café un fumant.

- Eh ! Bien, il y a plus de peur que de mal. Dit-il.

- Fort heureusement, le renard n'a pas pu entrer dans la grange, répondit mamie Grenadine.

- Japy et Raf lui en ont ôté l'envie, affirma l'homme.

- Pauvre bête, murmura mamie Grenadine pensive.

- Comment ça, pauvre bête ? Demanda le père Eugène interloqué. Ça chaparde, ça tue plus que de raison, c'est plein de tiques et de parasites et de surcroît, ça trimballe parfois la rage, ces bestioles !

- Je sais bien, mais il n'en reste pas moins vrai, que ce renard ne voulait que calmer sa faim, continua mamie Grenadine.

- Ah ! Ça, oui ! Il avait même l'intention de la calmer en faisant bombance avec vos lapins et vos poules, s'exclama le vieil homme en éclatant de rire.

- Cela aurait été un désastre, reconnut mamie Grenadine. Mais… Si l'on mettait une gamelle à sa disposition sous l'auvent de la resserre au bout du potager, suggéra-t-elle, il ne s'attaquerait pas à nos bêtes quand il ne trouve pas de nourriture dans la nature.

L'homme réfléchit en caressant sa moustache.

- Vous êtes un bon cœur, mamie Grenadine. Seulement, imaginez ce qu'une gamelle rameuterait de martres, de belettes, de blaireaux, sans compter les rats des champs !

- Vous avez raison Eugène, admit mamie Grenadine. Ça ne serait pas la meilleure solution. Par des temps comme celui - ci, il vaudrait mieux charroyer fruits et fourrage en forêt.

- Exactement ! Convint son voisin. Il suffit d'avoir un cheval et un traîneau…
Mamie Grenadine sourit malicieusement.

- Il y a Melba qui serait certainement ravie de prendre l'air de temps en temps. Quant au traîneau, celui qui dort sous votre hangar demande juste à être restauré par vos mains habiles, mon cher Eugène…

- Mamie Grenadine, si vous n'existiez pas, je vous inventerai ! Certifia le père Eugène espiègle.

Le lendemain matin, sous les regards émerveillés de Japy, Miarou et Raf, le père Eugène se mit en devoir de redonner au traîneau dont il avait été question la veille, son allure d'autrefois. Il passa la journée à le brosser, le poncer et le peindre.
Voyant les choses prendre tournure, Japy se dépêcha d'aller annoncer la nouvelle à Melba.
   - Quel bonheur ! Se réjouit la jument, nous irons nous promener ensemble.
   - Oui, fit Japy, ce sera génial et puis, les animaux de la forêt ne mourront plus de faim.
Febus et les poules restées à l'étable, avaient suivi la conversation. Fiby lança :
   - Eh ! Bien tant mieux ! Nous nous passerons très bien des visites de Gao.
Ses congénères l'approuvèrent en chœur. Depuis leur enclos, Nono et Nouki acquiescèrent également.
   - Mamie Grenadine a eu une bonne idée de parler du traîneau au père Eugène, dit Miarou qui venait de les rejoindre.
   - Mamie Grenadine a toujours de bonnes idées, agréa Melba. Tu nous accompagneras, Miarou ?
   - Euh ! Ben, à vrai dire... Commença le chat.
   - Tu préfères ton fauteuil ou faire la fête aux souris du fenil par ce temps, n'est-ce-pas ? Emit Florinette, malicieuse
   - Exactement ! Avoua Miarou dont la réponse déclencha l'hilarité de ses amis.
   - C'est nous rendre service également. Accorda Melba. Sans quoi, elles mangeraient toutes les graines destinées à la basse-cour.
Miarou bomba le poitrail. Maintenant, tout le monde savait que ce n'était pas parce qu'il ne chassait ni renards, ni sangliers, qu'il était poltron.

Pendant que le père Eugène remettait le traîneau en état, mamie Grenadine, sous l'œil attentif de Miarou juché sur un tonneau, remplissait des paniers de fruits et de graines. Elle finit son ouvrage en y ajoutant quelques bonnes brassées de foin.
- Voilà qui est fait, dit-elle à l'adresse du chat.
Quelques heures plus tard, le père Eugène chargea les victuailles pour les animaux sauvages sur le traîneau auquel, il attela Melba. Mamie Grenadine emmitouflée dans un manteau bien chaud, prit alors place aux côtés de son vieil ami.
Le père Eugène, rênes en mains, lança un joyeux :
- Allez, hue ! Melba.
Le traineau glissa au rythme du pas de Melba près de laquelle Japy et Raf gambadaient, entre deux sprints qui les voyait parfois s'enfoncer dans la neige jusqu'au poitrail.

A compter de ce jour et tant que l'épais manteau de neige perdura, mamie Grenadine, le père Eugène et leurs compagnons, se rendirent régulièrement dans la futaie pour ravitailler les occupants de celle-ci.
Japy rentrait fourbu de ces virées, mais tellement heureux d'être des amis de mamie Grenadine.
Manifestement, la faune de la forêt y trouva également son compte, car nul ne revit pas Gao aux abords du village cet hiver-là.

FIN

« A bientôt, pour de nouvelles aventures ! »

A paraître du même Auteur

Yoan et Madeline – La tour hantée (Roman jeunesse)

Le Souffle de l'Infini (Récit)

Le testament des étoiles (Roman)

Le rire de la Licorne (Nouvelles)

Yoan et Madeline

Yoan et Madeline passent les vacances chez leurs grands-parents à Castelroc,
une bourgade surplombée d'une tour que l'on dit hantée. Avec l'aide de leurs amis,
Bastien et Alexane, ils décident d'élucider le mystère de la tour que l'on dit hantée…

Le Souffle de l'Infini

Le Souffle de l'Infini Accompagne un parcours serti de réminiscences, de remises en question et d'évidences incontournables, après une EMI.

Si une telle expérience est de l'ordre d'un privilège, elle n'est en aucun cas un cadeau gratuit où
le cheminement qui s'ensuit s'appuie sur le discernement validé par un Acquis immuable.
Quelles sont les conséquences d'une E.M.I. ? Les Intemporels existent-ils ? Et, quid du tribut Spirituel ?
Dan DEVANS répond à ces questions quarante -cinq ans après avoir vécu ce qu'elle appelle
désormais " l'expérience de l'Au-delà de notre condition humaine ".
Un récit percutant qui ajuste l'essentiel à l'évidence, entre émotions et éclats de rire.

Editions Le plumier aux trésors. 2015.

Dépôt légal novembre 2015
Agde – France